Mein starkes Kind

Wie Sie das Durchsetzungsvermögen Ihres Kindes gezielt trainieren und das Selbstbewusstsein und Selbstvertrauen nachhaltig stärken

Alena Schulte

INHALT

Das erwartet Sie in diesem Ratgeber

Dass wir uns durchsetzen können, ist in unserer Gesellschaft unverzichtbar geworden. Konkurrenz und Wettkampf stehen an der Tagesordnung – im Großen wie im Kleinen. Damit Ihre Kinder inmitten dieses Gefüges ein Leben lang bestehen können, ist es wichtig, dass sie schon in der Kindheit erfahren, was es bedeutet, sich selbst zu kennen, sich selbst zu schätzen und auf dieser Grundlage ein stabiles Selbstwertgefühl aufzubauen. Dieses kann ein mentaler Schutzschild sein, der uns davor bewahrt, uns nur auf Bestätigung von außen zu verlassen und im Inneren ständig mit den eigenen Schwächen und Fehlern zu kämpfen.

Ein stabiles und gesundes Selbstwertgefühl kann man lernen – und Sie als Eltern haben großen Einfluss darauf, wie sich das Selbstwertgefühl Ihres Kindes entwickelt und dass sich Ihr Kind selbst wertvoll, stark und genügend fühlt und so die Konflikte oder Herausforderungen des Lebens leichter meistern kann.

Erfahren Sie in diesem Ratgeber, was ein gesundes Selbstwertgefühl ist, wie sich daraus Durchsetzungsvermögen und Stärke entwickeln kann und was Sie als Eltern dazu beitragen können, dass Ihr Kind ein glückliches und selbstbestimmtes Leben führt.

Konkrete Tipps für die Praxis sollen Ihnen dabei helfen, eigene Verhaltensmuster zu reflektieren und die Emotionen Ihrer Kinder richtig einzuschätzen und mit ihnen umgehen zu können. Sie können Ihre Kinder dabei unterstützen, Erfahrungen zu sammeln, die ihr Selbstwertgefühl und damit ihr Durchsetzungsvermögen stärken.

Geben Sie Ihrem Kind die Chance, jetzt und in der Zukunft seine Wünsche und Bedürfnisse zu formulieren, seinen eigenen Wert zu schätzen, hilfsbereit zu sein und trotzdem „Nein" sagen zu können.

Kinder für das Leben stärken

Aus Kinderleben

Paul sitzt am Fenster und schaut traurig auf die Straße. Er ist allein. Wieder hat er sich nicht getraut, die anderen Kinder zu fragen, ob er mitspielen darf. Heute war er der Erste gewesen, der die große Puppe mit den roten Haaren aus dem Korb genommen hat, um mit ihr zu spielen. Er mochte diese Puppe. Sie hat lustige Sommersprossen und schaut so freundlich. Nur kurz hatte er sie in der Puppenküche auf einen Stuhl gesetzt. Als er wiederkam, war die Puppe weg. Ein Mädchen hatte sie sich genommen und zu den vier Puppen auf das Sofa gesetzt. Sie spielten jetzt Schule. Paul würde auch gern mit ihnen spielen. Vor allem aber würde er weiter mit der rothaarigen Puppe spielen. Er wirft ihr einen verstohlenen, sehnsüchtigen Blick zu. Aber er traut sich nicht. Weil er Angst hat, dass die anderen ihn komisch finden, weil er ein Junge ist, weil er Angst hat, von ihnen zurückgewiesen oder ausgelacht zu werden, weil er glaubt, dass er nicht stark genug ist, weil er nicht weiß, dass er sagen kann und darf, was er möchte, weil er nicht weiß, dass er gut ist, wie er ist.

***

Montagmorgen. Jana möchte nicht in die Schule. Nicht, weil sie nicht gern lernt. Eigentlich geht sie gern in die Schule, sie ist interessiert, denkt gern nach, das Lernen fällt ihr leicht und sie darf bald aufs Gymnasium. Darauf ist sie schon ein bisschen stolz. Aber Jana hat Angst vor zwei anderen Mädchen aus ihrer Klasse. Jeden Morgen auf dem Schulhof warten die beiden auf sie. Sie wollen ihre Mathehausaufgaben abschreiben. Das geht schnell ... einfach die Ergebnisse ins Buch übertragen. Das dauert keine fünf Minuten. Jana hat den halben Samstag mit den Hausaufgaben verbracht. Sie fühlt sich ausgenutzt und sie ist auch sauer auf sich selbst. Das geht nicht erst seit gestern so. Eigentlich ist es schon seit der dritten Klasse. Seit die anderen gemerkt haben, dass Jana fleißig ist. Und dass Jana nicht „nein" sagen kann. Jana will auch beliebt sein und dazugehören. Sie möchte auch zu den Kindergeburtstagen eingeladen werden. Sie möchte nicht als Letzte in die Sportmannschaft gewählt werden – obwohl sie eigentlich ganz sportlich ist. Und sie möchte nicht Angst haben, dass zu ihrem Geburtstag wieder niemand kommt. Letzte Woche hat Jana die Mathehausaufgaben „vergessen". So konnte sie ihr auch niemand abschreiben. Heute überlegt sie sich, ob sie vielleicht extra zu spät kommen soll, um den beiden zu entgehen. Alles scheint leichter, als einfach „nein" zu sagen, denn Jana hat nicht gelernt, „nein" zu sagen und für sich und ihre Rechte einzustehen. Sie glaubt nicht, dass sie stark genug ist, den beiden ihre Meinung zu sagen. Und sie weiß nicht, dass sie es wert ist, gemocht und geschätzt zu werden, auch, wenn sie sich ihre Beliebtheit nicht mit ihren Hausaufgaben erkauft.

* * *

Clara ist schlecht. Sie fühlt, dass sie gerade einen riesigen Fehler macht. Sie schämt sich, ekelt sich. Alle Alarmglocken in ihrem Kopf läuten ohrenbetäubend laut. Wie konnte sie es nur so weit kommen lassen, sie wollte das doch alles nicht. Toms Hände sind überall. Auch an Stellen, an denen sie sonst noch keiner angefasst hatte. Er drückt seine Lippen auf ihren Mund. Igitt. Das geht ihr alles viel zu schnell. Dabei hat sie doch so lange davon geträumt, dass er mit ihr ausgeht. Heute war es endlich so weit. Sie waren zusammen auf einer Party. Sie war schon ein bisschen verliebt in ihn. Immerhin war er einer der coolen Jungs aus ihrer Schule. Er war zwei Stufen über ihr, hatte bestimmt schon viele Freundinnen. Dass er viele Verehrerinnen hatte, wusste sie auch. Das war das Problem. Wenn sie nicht mitmacht, dann geht er halt mit der Nächsten aus. Mit einer, die cooler, mutiger und reifer ist als sie. Sie hatte sich das alles ganz anders vorgestellt, wollte erst einmal Händchen halten; den anderen zeigen, dass jemand wie Tom mit ihr ausgeht.

Und das, obwohl sie erst 13 ist. Und jetzt – alles ist anders gekommen. Sie will das alles nicht, aber sie traut sich nicht, „stopp" zu sagen, obwohl sie es laut herausschreien wollte: „Stopp, lass das! Ich will das nicht!" Aber sie hat Angst, dass er dann das Interesse an ihr verliert, wenn sie ihn jetzt nicht gewähren lässt, dass er sie für ein kleines unreifes Kind hält, dass er es vielleicht den anderen erzählt. Und sie zweifelt auch, ob sie nicht einfach falsch ist. Falsch fühlt? Sie will doch auch kein Kind mehr sein. Clara weiß nicht, dass alle ihre Gefühle, ihre Zweifel, ihre Ängste berechtigt sind, dass sie das Recht hat, sie durchzusetzen und für sie einzustehen. Sie weiß nicht, dass sie „nein" sagen kann und dadurch nicht an Wert verliert, dass sie allein über sich bestimmen kann.

***

Diese kurzen Einblicke zeigen drei völlig unterschiedliche Situationen, in denen Kinder nicht in der Lage waren, sich durchzusetzen. Die fehlende innere Stärke, der Glaube an sich selbst und das Wissen um den eigenen Wert hätten ihnen geholfen, für ihre Bedürfnisse einzustehen. Die Tragweite der drei Situationen ist sehr verschieden. Es wird aber auch klar, dass das Empfinden von negativen Erfahrungen abhängig vom Alter eines Menschen sein kann, dass diese Erlebnisse gemessen an unseren „Erwachsenenproblemen" für uns vielleicht banal scheinen und trotzdem traumatisierend für ein Kind sein können.

Claras Erlebnis zeigt, wohin es im schlimmsten Fall führen kann, wenn man nicht gelernt hat, sich durchzusetzen und auf seine innere Stimme und Kraft zu vertrauen. Umso wichtiger ist es, diese Eigenschaft schon so früh wie möglich zu stärken, das Selbstwertgefühl eines Kindes aufzubauen und es darin zu unterstützen, seine Bedürfnisse ernst und wahrzunehmen und für sie einzustehen.

Selbstverständlich gleicht kein Kind dem anderen und alle Kinder haben unterschiedliche und individuelle Bedürfnisse. Es gibt aber auch etwas, das bei allen Kindern gleich ist. Der Wunsch nach Liebe, Geborgenheit, Halt und Verständnis. Dass Kinder diese Sicherheiten erfahren dürfen, ist die alltägliche Aufgabe der Eltern.

Es gibt auch kein „Patentrezept", das Ihre Kinder zu starken, durchsetzungsfähigen Menschen macht. Jedes Kind, jede Situation, jede Familie ist anders und es müssen jeden Tag individuelle und dem Alltag angepasste Entscheidungen getroffen werden.

Trotzdem ist es wichtig, sich als Eltern der Verantwortung bewusst zu sein: Es liegt in Ihrer Hand, dass Ihr Kind ein gesundes Durchsetzungsvermögen entwickelt und zu einem starken Erwachsenen heranwächst, der dem Leben mit Mut begegnet, mit Schwierigkeiten, Rückschlägen oder Misserfolgen umzugehen weiß, der seine Stärken kennt und seine Schwächen akzeptiert und der in der Lage ist, soziale und emotionale Beziehungen einzugehen. Dafür müssen sich Kinder in Ihren Familien geborgen und aufgehoben fühlen und ihre Beziehung zu anderen Menschen (Familie, Freunde ...) als etwas Stärkendes und Schönes begreifen.

Das **Durchsetzungsvermögen** ist weder eine „Technik" noch eine „Fertigkeit", die man sich irgendwann im Leben aneignet. Vielmehr ist es ein Merkmal der Persönlichkeit eines Kindes, welches sich nur dann ausbilden kann, wenn sich das Kind geliebt, geschätzt und geborgen fühlt und so ein stabiles Selbstwertgefühl entwickelt.

Wer sich durchsetzen kann, ist in der Lage, seine Rechte auf eine angemessene Art zu verteidigen, „nein" zu sagen und gleichzeitig achtsam und respektvoll mit seiner Umgebung umzugehen.

Wie sehr das Durchsetzungsvermögen bei einem Kind ausgeprägt ist, beziehungsweise wie sehr es sich ausprägt, ist individuell. Es wird immer Charaktere geben, die lieber einmal mehr zurückstecken und Konfrontationen oder Diskussionen aus dem Weg gehen, um die Harmonie nicht zu gefährden, während andere sich lieber auf Biegen und Brechen durchsetzen wollen. Solange alles in einem gesunden, das heißt auch achtsamen Maß – sich selbst und der Umwelt gegenüber – stattfindet, gibt es kein „Richtig" oder „Falsch". Wichtig ist zu erkennen, welche Stärken und Schwächen Ihr Kind hat – und das so objektiv wie möglich. Nicht jedes Kind benötigt mehr Durchsetzungsvermögen; möglicherweise aber Strategien, um respektvoll und achtsam seine Wünsche und Bedürfnisse formulieren zu können und Kompromisse einzugehen.

Ein stabiles Selbstwertgefühl und ein gesundes Durchsetzungsvermögen können den Kindern helfen, Krisensituationen zu bewältigen und mit Kritik umzugehen. Wenn ein Kind seinen eigenen Wert kennt, kann es konstruktive Kritik aufnehmen und diese aber auch von destruktiven Angriffen unterscheiden und solche abwehren. Das Ziel sollte sein, dass Ihr Kind erkennt, dass es wertvoll ist, so wie es ist, und dass die Beurteilung seiner Wertigkeit nicht nur von äußeren Faktoren abhängt, sondern dass das Maß in ihm selbst liegt.

Voraussetzungen schaffen

Wenn wir uns als Erwachsene schwertun, uns durchzusetzen, liegt das Problem oft – wie so vieles – in der wichtigsten Phase unseres Lebens: der Kindheit. Das Selbstwertgefühl des Menschen wird in den ersten sechs Lebensjahren ausgeprägt.

Wenn wir von unseren Bezugspersonen nicht oder nur unzureichend darauf vorbereitet wurden, fällt es uns als Erwachsene oft schwer, für sich selbst und seine Bedürfnisse einzustehen, seine Rechte durchzusetzen und zu verteidigen. Wer in der Kindheit erlebt, was ein gesundes Durchsetzungsvermögen ist und sich selbst wertschätzen gelernt hat, dem hilft es, in schwierigen Phasen Geduld und Ruhe zu bewahren und so ein ausgeglicheneres Leben zu führen und gelingende Beziehungen zu seinen Mitmenschen aufzubauen.

Problematisch wird es immer dann, wenn Kinder in ihren ersten Lebensjahren negative Erfahrungen mit ihrem eigenen Selbstwert machen. Dies kann völlig ohne bösen Willen der Eltern oder auch der Lehrer oder Erzieher geschehen und trotzdem einen immensen Einfluss auf das weitere Leben und Selbst-Erleben des Kindes haben. Wenn den emotionalen Bedürfnissen eines Kindes nicht oder nur unzureichend nachgekommen wird, speichert das Kind diese negative Erfahrung und projiziert sie auf viele Bereiche seines weiteren Lebens. Man spricht in solchen Fällen von „emotionaler Nachlässigkeit".

Wird über ein Kind gelacht, weil es – in den Augen der Eltern – über eine Nichtigkeit weint oder empört ist, kann es dazu führen, dass es seine Emotionen beim nächsten Mal nicht mehr ungehemmt zeigt und seine Gefühle versteckt, da es nicht noch einmal ausgelacht werden möchte. Was in den Augen eines Kindes schlimm und bedeutsam ist, muss es nicht unbedingt in den Augen eines Erwachsenen sein. Dass sich die

Erlebens- und Erkenntniswelt eines Kindes enorm von der seiner Eltern unterscheidet, darf in keinem Fall vergessen werden. Was für ein Kind „schlimm" ist, scheint für einen Erwachsenen wie eine Lappalie. Bekommt das Kind diese Missachtung bzw. Fehleinschätzung seiner Empfindung zu spüren, kann das weitreichende Auswirkungen auf seine emotionale Entwicklung haben: Es kann seine Gefühle nicht einordnen, hält sie für unangemessen und falsch, und lernt, sie zu unterdrücken.

Die Konsequenzen reichen weit in das Erwachsenenleben hinein. Wer seine Emotionen nicht einordnen kann, wird auch nicht in der Lage sein, sie in einer angemessenen Art und Weise zum Ausdruck zu bringen. Oftmals resultieren daraus dann zwei gegenteilige Strategien: Die einen entscheiden sich für ein untergeordnetes Verhalten, geben in Konfliktsituationen nach und lassen zu, dass andere Menschen sie in der Hand haben; die anderen legen eine Anti-Haltung an den Tag, neigen zu Aggressivität und Sturheit.

Sie verbindet meistens jedoch ihr geringes Selbstwertgefühl: Bis in ihr Erwachsenenalter glauben sie, es nicht wert zu sein, geliebt und geschätzt zu werden. Dies führt oftmals dazu, dass sie selbst nur selten glückliche und zufriedenstellende Beziehungen führen und Angst haben, verlassen zu werden.

Damit ein Kind ein gesundes Durchsetzungsvermögen entwickelt, zu dem zu stehen lernt, was es fühlt und seinen Instinkten vertrauen kann, ist es wichtig, von Anfang an Strategien zu haben, um das Kind in seiner Entwicklung zu unterstützen. Doch auch später kann ein Kind durch Achtsamkeit und Wachsamkeit der Eltern darin bestärkt werden, selbstbewusster und durchsetzungsvermögender zu sein, in dem es seinen eigenen Wert erfährt und schätzen lernt.

Bevor wir solche Strategien kennenlernen, müssen zunächst ein paar wichtige Begriffe geklärt werden, die sich in vielerlei Punkten überschneiden, jedoch auch Unterschiedlichkeiten aufweisen und dementsprechend differenziert werden müssen.

SELBSTKOMPETENZ ALS VORAUSSETZUNG FÜR SELBST-VERTRAUEN UND STÄRKE

Der Begriff „**Selbstkompetenz**" beschreibt das Zusammenspiel verschiedener persönlicher Kompetenzen, die für die Entwicklung der Persönlichkeit sowie das Lernen von Bedeutung sind. Ihre Förderung hängt stark von der individuellen kulturellen und familiären, aber auch institutionellen Umgebung eines Kindes (oder Erwachsenen) ab.

Diese persönlichen Kompetenzen, die in ihrem Ganzen die Selbstkompetenz bilden, sind beispielsweise Selbstberuhigung (Ängste, Enttäuschungen und andere negative Gefühle selbst bewältigen zu können), Selbstmotivierung (intrinsische Aufrechterhaltung der eigenen Motivation), Selbstvertrauen, Selbsteinschätzungsvermögen, Durchhaltevermögen (die eigenen Ziele zu formulieren und zu verfolgen) oder Frustrationstoleranz.

Besitzt ein Kind (ein Mensch) Selbstkompetenz, ist es in der Lage, auch in sich verändernden Kontexten aktiv und motiviert zu handeln. Diese Handlungsfähigkeit setzt wiederum voraus, dass das Kind Emotionen und Wissen miteinander verknüpfen kann.

Betrachtet man das „Selbst", auf das sich diese Kompetenzen beziehen, als Kern der Persönlichkeit eines Menschen, sollte dieser Kern so positiv wie möglich von Eltern (und auch Lehrern und Erziehern) aufgefüllt werden.

Nach Kühne/Sauerhering (2012) sind für die Selbstkompetenz eines Kindes folgende Faktoren entscheidend:

- Das Kind entwickelt Vertrauen in die Welt und in sich selbst. Dieses Vertrauen muss sich aus einer stabilen Beziehung/Bindung zu Bezugspersonen ergeben.
- Es entwickelt eine Selbstwahrnehmung, indem es lernt, seine eigenen inneren Zustände wahrzunehmen und mit den Rückmeldungen seiner Umwelt abzugleichen.
- Durch die Rückmeldungen der Umwelt kann das Kind lernen, seine Emotionen zu differenzieren und später zu regulieren. Dadurch entwickelt sich der emotionale Selbstausdruck eines Kindes.
- Die Regulierung seiner Emotionen ermöglicht dem Kind wiederum Selbstberuhigung oder Selbstmotivation. Beruhigungen und Motivation als Reaktion von Bezugspersonen auf die aktuellen Bedürfnisse eines Kindes werden von ihm als positive Erfahrungen gewertet und verinnerlicht.

Dies zeigt einmal mehr, wie wichtig die Erziehenden, d. h. die Eltern, aber auch Lehrer und Erzieher, für die Entwicklung eines Kindes sind. Selbstkompetenz kann ein Kind nur ausbilden, wenn es in seiner Kindheit ausreichend positive Erfahrungen insbesondere in den Beziehungen zu seinen Bezugspersonen gemacht hat und diese ihm als positive Vorbilder dienen. Das betrifft insbesondere Tugenden wie Gerechtigkeit, Höflichkeit, Rücksichtnahme, Respekt, Freundlichkeit, Empathie und Aufrichtigkeit, aber auch Stärke und das Durchsetzungsvermögen.

Fühlt sich ein Kind angenommen in seiner Beziehung zu den Eltern, erkennen diese seine Begabungen und fördern sie bzw. unterstützen es bei der Bewältigung seiner Schwächen, kann es Selbstkompetenz ausbilden. Diese Fähigkeit, mit seinen Emotionen umzugehen, sich selbst motivieren und seine Emotionen regulieren zu können, ermöglicht es dem Kind, stark und selbstbewusst zu sein, da es sich kennt und Werkzeuge „in sich selbst" hat, um mit Krisensituationen, negativen Gefühlen, Kritik usw. umgehen zu können. Dies verleiht ihm innere und äußere Stärke und ist Voraussetzung für Selbstvertrauen und Durchsetzungsvermögen.

DURCHSETZUNGSVERMÖGEN UND STÄRKE DURCH SELBSTVERTRAUEN UND SELBSTWERT

Damit Ihr Kind ein stabiles Durchsetzungsvermögen entwickeln kann, ist es wichtig, dass es sich selbst zu schätzen weiß. Wie so oft gilt auch hier: Glaubhaft vermitteln und durchsetzen kann man nur etwas, an das man auch selbst glaubt. Man kämpft nur für das, was einem selbst wichtig und wertvoll ist. Ihr Kind muss erfahren dürfen, dass es selbst und seine Bedürfnisse es wert sind, dafür zu kämpfen und einzustehen. Dieses positive Selbstwertgefühl sollte mit Selbstvertrauen gepaart sein.

Selbstvertrauen – also das Vertrauen darauf, dass seine Gefühle und Bedürfnisse bedeutend sind und dass man auf seine Fähigkeiten und seinen Wert vertrauen kann – ist die Voraussetzung dafür, erfolgreich mit anderen Menschen, Meinungen oder Problemen im Leben umzugehen.

Doch wie schafft man es als Eltern, das Fundament für Selbstvertrauen und innere Stärke schon in der Kindheit unserer Sprösslinge zu legen? Der Grundstein für Selbstvertrauen und ein positives Selbstwertgefühl sollte idealerweise in den ersten sechs Lebensjahren durch die Eltern gelegt werden. Studien zeigen, dass die Erfahrungen, die in der frühen Kindheit (bis zum sechsten Lebensjahr) vor allem mit den Eltern gemacht wurden, das Selbstwertgefühl eines Menschen entscheidend prägen.

Je älter die Kinder werden, desto größer wird auch der Einfluss von Gleichaltrigen und Lehrern. Bekommen Kinder häufig den Eindruck vermittelt, nicht zu genügen, werden sie bestraft oder gehänselt, entwickeln sie Strategien in einer Art Unterwerfungshaltung, um akzeptiert zu werden. Hier entsteht häufig ein Teufelskreis, da Kinder mit einem gesunden Selbstwertgefühl seltener in eine solche Situation geraten bzw. Kinder mit einem geringen Selbstwertgefühl häufiger in die Opferrolle fallen.

Vor allem in der **Pubertät** wandeln sich die Faktoren, die einen großen Einfluss auf das Selbstwertgefühl und das Selbstvertrauen der Jugendlichen haben. Der Einfluss der Eltern nimmt hier deutlich zugunsten anderer Faktoren ab:

• **Freunde/Mitschüler/Gleichaltrige:** Beliebt bei Gleichaltrigen zu sein, ist für die Entwicklung, Stärkung und Etablierung des Selbstwertgefühls für

Jugendliche enorm wichtig. Wird ein Kind in der Schule ausgegrenzt oder gemobbt – beispielsweise aufgrund seiner Leistung, seines Aussehens, seiner Vorlieben oder seiner Herkunft, prägt diese negative Erfahrung die eigene Wertschätzung eines Jugendlichen maßgeblich und kann einen lebenslangen Schaden hinterlassen, der auch zu einem allgemeinen Misstrauen gegenüber Menschen und sozialen Bindungen führen kann.

• **Das eigene Äußere:** Egal, ob Jungen oder Mädchen – das eigene Aussehen, die eigene Schönheit, aber auch die Kleidung sind für Jugendliche von großer Bedeutung. Attraktive Menschen haben es leichter und finden schneller Anschluss an andere. Jedoch ist auch hier die Gefahr für einen Teufelskreis groß: Glaubt ein Kind, nicht attraktiv genug zu sein, weil es einmal die Erfahrung gemacht hat, aufgrund seiner Körpereigenschaften oder seiner Kleidung nicht angenommen worden zu sein, fühlt es sich minderwertig und strahlt dieses Selbstwertgefühl anderen gegenüber auch aus. Wer weniger Stärke ausstrahlt, wird es auch schwerer haben, als starke, attraktive Persönlichkeit wahrgenommen zu werden. Die Annahme, dass „wahre Schönheit" von innen kommt, hat also durchaus ihre Berechtigung.

• **Die eigene Leistung:** Die Frage nach dem eigenen Wert und den eigenen Stärken und Begabungen ist ein zentrales Thema in der Pubertät. Doch auch hier herrschen wieder ambivalente Zustände: Zu gute Leistungen in der Schule – schnell wird das Kind als Streber abgestempelt. Keine gute körperliche Verfassung – das Kind wird immer als Letztes in die Sportmannschaften gewählt. Kennt ein Kind seine Stärken und weiß es um seinen Wert, wird es sicherlich weniger Probleme haben, in solche Teufelskreise zu geraten und sich selbst und vor allem seinen eigenen Wert von äußeren Faktoren abhängig zu machen.

Eleonore Roosevelt sagte: *„No one can make you feel inferior without your consent." – „Niemand kann dir ein Minderwertigkeitsgefühl geben ohne deine Bereitschaft dazu".* Und Sie als Eltern haben großen Einfluss darauf, Ihr Kind dahin gehend zu stärken, dass es erst gar nicht in die Lage kommt, sich ein Minderwertigkeitsgefühl geben zu lassen.

Ob ein Kind bereits ein Problem mit seinem Selbstwert hat, ist oft nicht auf den ersten Blick zu erkennen.

Viele Kinder sind gute Schauspieler und verstecken oder überspielen ihren geringen Selbstwert. Einige Hinweise auf ein Selbstwertproblem lassen sich jedoch trotzdem oft ablesen:

- Das Kind hat Angst vor Neuem (Aufgaben, Umgebungen, Menschen ...).
- Das Kind spricht wenig wertschätzend von sich selbst.
- Das Kind ist schüchtern in der Gegenwart von anderen.
- Das Kind traut sich viele Dinge nicht zu.
- Das Kind vergleicht sich oft mit anderen oder wäre gern anders/ein anderer.
- Das Kind ist leicht reizbar oder angreifbar.
- Das Kind geht nicht gern zur Schule.
- Das Kind gibt schnell auf, wenn ihm etwas nicht gelingt.
- Das Kind sucht ständig nach äußerer Bestätigung, Zuwendung und Aufmerksamkeit.

Treffen viele dieser Eigenschaften auf Ihr Kind zu, sollten Sie der Stärkung des Selbstwertgefühls und des Durchsetzungsvermögens Ihres Kindes von nun an besondere Aufmerksamkeit schenken.

Mögliche Strategien zur Stärkung des Selbstbewusstseins finden Sie in den weiteren Kapiteln dieses Ratgebers.

Sollte Ihr Kind jedoch schwerwiegende Probleme mit seinem Selbstwert haben, sich zunehmend zurückziehen und den Anschluss zur Außenwelt verlieren, suchen Sie sich bitte Hilfe bei Kinder- und Jugend-psychologischen Beratungsstellen.

Akute Hilfe erhalten Sie z. B. bei der **Nummer gegen Kummer**

für Jugendliche: 116 111 (Mo.–Sa., 14 bis 20 Uhr), für Eltern: 0800 111 0 550

oder der **Telefonseelsorge**: 0800 111 0 111 oder 0800 111 0 222 (rund um die Uhr).

EIN UMFELD, DAS KINDER STARK MACHT

Eine Umgebung, die Kindern deutlich zeigt, dass sie angenommen und geliebt werden, ist die wichtigste Grundlage dafür, eine gesunde Selbstsicherheit und ein stabiles Durchsetzungsvermögen aufzubauen.

Ihre **Liebe** und **Zuneigung** dürfen in keinem Fall an bestimmte Erwartungen geknüpft sein.

Trauen Sie Ihrem Kind etwas zu und schenken Sie ihm **Vertrauen**, steigern Sie sein Selbstbewusstsein. Steuern Sie seine Aufgaben so, dass Ihr Kind sie auch entwicklungsmäßig bewältigen und das gute Gefühl erleben kann, etwas geschafft zu haben.

Loben und **ermutigen** Sie Ihr Kind, wenn es etwas gut gemacht oder den richtigen Weg eingeschlagen hat. Bleiben Sie auch hier authentisch. Unverhältnismäßiges Lob wird von Ihrem Kind nicht angenommen oder verzerrt seine Wahrnehmung.

Setzen Sie Ihrem Kind auch **Grenzen**. Nur, wer Grenzen kennt und gelernt hat, sie zu akzeptieren, kann sich auch später in einem stabilen Rahmen bewegen und Grenzen akzeptieren.

Zeigen Sie Ihrem Kind den richtigen **Umgang mit den eigenen Gefühlen**. Seien Sie selbst ein gutes

Vorbild und leben Ihrem Kind authentische Emotionen vor. Ihre äußere und innere Wahrheit müssen übereinstimmen, damit Ihr Kind lernt, dass alle Emotionen zum Leben gehören und ihre Berechtigung haben. Ihr Kind ist sensibel genug, um Ihnen anzumerken, dass Sie in Wirklichkeit niedergeschlagen sind, obwohl Sie lächeln und gute Laune vortäuschen. Nur, wenn es erfährt, dass man seine Emotionen auch nach außen zeigen kann, wird es in Zukunft seiner eigenen Wahrnehmung trauen und seine Bedürfnisse äußern.

Durchsetzungsvermögen trainieren und etablieren

Damit Kinder lernen, sich auf ihren Instinkt verlassen zu können und sich nicht für ihre Emotionen schuldig zu fühlen, ist es von Bedeutung, Strategien zu entwickeln, ein gesundes Durchsetzungsvermögen aufzubauen und dieses wiederum zu trainieren und zu etablieren.

Der erste Schritt hierbei ist, dass man als Eltern (oder auch als Lehrer bzw. Erzieher) anerkennt, was ein Kind fühlt und seine Meinung ernst nimmt. Für ein

Kind ist ein Streit mit der besten Freundin oder der Verlust eines Kuscheltieres keine Kleinigkeit.

Auch Konflikte unter Gleichaltrigen in der Schule können schwerwiegende negative Erfahrungen für Kinder und Jugendliche darstellen. Als Eltern gilt es, diese Gefühle und Sorgen ernst zu nehmen und sie nicht als Lappalien abzutun oder sich gar über sie lustig zu machen – auch wenn das „Problem" für uns als Erwachsene noch so unbedeutend scheint. Für unsere Kinder ist es das nicht.

Nur so bringen Sie Ihrem Kind bei, seine Gefühle anzuerkennen, sie auszudrücken, zu verstehen und so mit ihnen umgehen zu können.

Der nächste Schritt ist dann die Kommunikation mit Ihrem Kind. Um seine emotionalen Bedürfnisse zu verstehen und dementsprechend zu befriedigen, ist es notwendig, dass Sie ihm solche Fragen stellen, die ihm zeigen, dass Sie es ernst nehmen und dass seine Bedürfnisse von Belang sind. Beispiele könnten sein: „Wie fühlst du dich?", „Was möchtest du mir sagen?", „Was denkst du darüber?", oder „Was brauchst du?".

Wenn Ihr Kind so von Anfang an lernt, dass seine Bedürfnisse und Gefühle richtig und wichtig sind, dass es diese ausdrücken kann und es trotzdem respektvoll behandelt wird, hat es die Chance, zu einem selbstsicheren Erwachsenen heranzuwachsen, der sich durchsetzen kann und nicht – aus Angst, schlecht behandelt oder nicht geliebt zu werden – immer wieder in ein sich selbst klein machendes Verhalten, also gewissermaßen ein selbst sabotierendes Verhalten verfällt.

STRATEGIEN ZUM AUFBAU VON SELBSTVERTRAUEN

Um das Durchsetzungsvermögen Ihres Kindes zu stärken, ist es – wie bereits beschrieben – zunächst wichtig, sein Selbstvertrauen aufzubauen, um Ihr Kind von innen heraus stark und resilient werden zu lassen.

Im Kontext von Selbstvertrauen, Selbstwertgefühl und Durchsetzungsvermögen bewegt sich auch der Begriff der **Resilienz**. Die Resilienz beschreibt die innere Stärke und Widerstandskraft eines Menschen – ist quasi „das Immunsystem der Seele" – und ist, nicht wie früher angenommen, manchen Menschen einfach angeboren, sondern kann – vor allem in der Kindheit gelernt, trainiert und etabliert werden. Es gibt gewisse Faktoren der Resilienz, die jedes Kind in sich trägt und die durch bewusste Hilfestellung und Förderung der Erwachsenen gestärkt und ausgebaut werden können.

Resiliente Menschen sind innerlich stabil und können mit Krisen oder Schicksalsschlägen souveräner umgehen, suchen nach Lösungen und verzweifeln nicht sofort. Sie wissen auch, dass es unmöglich ist, von jedem gleichermaßen gemocht zu werden und dass man im Leben durchaus auch einmal Umwege gehen muss, um an sein Ziel zu kommen. Kinder, die eine hohe Resilienz aufweisen, verfügen oftmals auch über ausgeprägte kreative Fähigkeiten und viel Fantasie, was ihnen in schwierigen Lebenslagen in der Kindheit und später im Erwachsenenleben erlaubt, auch unter Druck lebensfähig und flexibel zu bleiben.

11 DINGE, DIE KINDER VON INNEN HERAUS STARK MACHEN – SÄTZE, DIE KRAFT GEBEN

Diese Aufzählung soll Ihnen einen kleinen Überblick geben, was Ihrem Kind helfen kann, von innen heraus stark zu werden. Zu jedem Punkt finden Sie sogenannte „Kraftsätze", mit denen Sie Ihr Kind dabei unterstützen können, selbstbewusster, stärker und durchsetzungsvermögender zu werden.

1. Liebe

Wenn Ihr Kind erfährt, dass es geliebt und respektiert wird, kann es Vertrauen und Stärke aufbauen. Ihre Liebe darf NIEMALS zum Belohnungs- oder Bestrafungsinstrument in Ihrer Erziehung werden. Äußerungen wie „Wenn du jetzt nicht sofort aufhörst zu meckern, habe ich dich nicht mehr lieb!" sind ein absolutes No-Go. Damit sich Ihr Kind stark und wertgeschätzt fühlen kann, muss es die Gewissheit haben, auch geliebt zu werden, wenn es Fehler macht, und mit all seinen Schwächen und Stärken angenommen zu sein. Denn genau diese machen es einzigartig.

Kraftsätze:
„Ich habe dich lieb, egal, was passiert."
„Ich habe dich lieb, genauso, wie du bist."

2. Respekt, Wertschätzung und emotionale Intelligenz

Nur, wenn Ihre Kinder erfahren, was Respekt, Vertrauen, Wertschätzung und ein liebevoller Umgang miteinander bedeuten, können sie lernen, ihre eigenen Emotionen intelligent einzuordnen und mit ihnen umzugehen. Die sogenannte emotionale Intelligenz ist ein wesentlicher Faktor, der zum Wohlbefinden und so zur Stärke Ihres Kindes beiträgt. Dies liegt vor allem daran, dass emotional intelligente Menschen empathisch sind und nicht nur mit ihren eigenen Gefühlen umgehen können, sondern sich auch gut in andere Menschen hineinversetzen können und so leichter zum Erfolg kommen.

Damit sich Ihr Kind stark und angenommen fühlen kann, ist es wichtig, dass Sie seine Gefühle respektieren. Das bedeutet nicht zwangsläufig, dass Sie sie verstehen oder permanent in Ihrer Erziehung berücksichtigen müssen. Auch Sie sollten Stärke zeigen und Ihrem Kind gegenüber „Nein" sagen können – auch wenn Ihr Kind darauf mit Trotz, Ärger oder Tränen reagiert. Weiß Ihr Kind jedoch, dass seine Emotionen trotzdem respektiert werden, wird es mit solchen Enttäuschungen besser umgehen und lernt von Ihnen gleichzeitig das „Nein-Sagen".

Versuchen Sie, Ihrem Kind Selbstständigkeit zu ermöglichen und es in gewisse Entscheidungen miteinzubeziehen (z. B. wohin der nächste Ausflug gehen soll), ihm aber gleichzeitig auch beschützende Grenzen und Regeln zu vermitteln.

Lassen Sie Ihr Kind spüren, dass Sie Interesse an dem haben, was ihm wichtig ist und was es begeistert.

So unterstützen Sie Ihr Kind darin, seine Talente und Interessen herauszubilden und zu stärken.

Es ist von besonderer Wichtigkeit, das emotionale Wohlbefinden Ihres Kindes nicht allein von Ihnen und Ihrer Rückmeldung abhängig zu machen. Hat Ihr Kind das Gefühl, dass es für Ihr Glück verantwortlich ist und allein im Mittelpunkt der elterlichen Aufmerksamkeit steht, kann das schnell zu einer großen emotionalen Last für Ihr Kind und einer Lebensaufgabe werden, der es nicht gewachsen ist. Überbehütung und Zentrierung des Kindes im elterlichen Leben kann so schnell zum Problem werden. Am besten geht es Ihren Kindern, wenn sie im Leben ihrer Eltern einen wichtigen, aber nicht den einzigen Teil einnehmen.

Ihr Kind wertzuschätzen und zu respektieren bedeutet auch, ihm Geduld entgegenzubringen und es so anzunehmen, wie es ist – mit all seinen Stärken und Schwächen. Es hat eine eigene Persönlichkeit, ist ein Individuum mit einzigartigen Gefühlen, eigenen Gedanken und persönlichen Erlebnissen, die es prägen. Ihr Kind kann und wird sich im Laufe seines Lebens entwickeln, verändern und vielleicht andere Wege einschlagen, als Sie es sich vorgestellt haben. Geben Sie ihm die Chance dazu, indem Sie es nicht voreilig in irgendwelche Schubladen (unsportlich, Opferrolle, Faulpelz ...) stecken und so dieses Bild von ihm noch weiter verstärken. Wenden Sie sich lieber seinen Talenten und Interessen zu und bestärken Sie es darin. Um seine Schwächen zu überwinden, hilft es Ihrem Kind am besten, sich auf seine Stärken zu konzentrieren.

Kraftsätze:

„Es ist gut, dass du so bist, wie du bist."
„Ich verstehe und respektiere deine Gefühle."
„Ich gebe dir die Zeit, die du brauchst."

3. Vertrauen, Sicherheit und Halt

Geben Sie Ihrem Kind immer das Gefühl, dass es sich auf Ihre Unterstützung verlassen kann und es Ihnen bedingungslos vertrauen kann. Geben Sie ihm die Sicherheit, dass es mit all seinen Eigenschaften, Stärken und Schwächen angenommen ist und dass Sie es beschützen – auch, wenn es etwas angestellt hat. Egal, was passiert ist, zeigen Sie Ihrem Kind, dass Sie Verständnis für es haben. Wichtig ist, dass Ihr Kind das Gefühl bekommt, dass Sie sich in es hineinfühlen können. Dies bedeutet allerdings nicht, dass Sie alles automatisch gutheißen und akzeptieren müssen, was es tut.

Es darf jedoch nie das Gefühl haben, durch seine Fehler seinen Halt und seine Sicherheit zu verlieren. Gutgemeinte vorauseilende Hilfe erzeugt eher Unsicherheit und Unselbstständigkeit. Helfen Sie Ihrem Kind – aber erst, wenn es allein nicht weiterkommt.

Dass Ihr Kind eine stabile innere Stärke entwickelt, hängt weniger von gewissen Merkmalen seiner Persönlichkeit ab, sondern viel mehr davon, dass es in seinem Umfeld ein ausgewogenes Verhältnis von Halt gebenden und herausfordernden Bedingungen erlebt. Geben Sie ihm „Hilfe zur Selbsthilfe", indem Sie dazu beitragen, dass Ihr Kind die Sicherheit spürt, auch in schwierigen Situationen nicht allein zu sein, und indem Sie es nicht vor jeder negativen Erfahrung beschützen. Nur, wenn Ihr Kind erlebt, dass es selbst wirksam sein kann, wird sein Selbstbewusstsein wachsen.

Hören Sie Ihrem Kind zu, wenn es Ihnen etwas erzählt, nehmen Sie es ernst und stellen Sie Rückfragen. So fühlt es sich wahrgenommen und merkt, dass seine Bedürfnisse für Sie von Bedeutung sind. Vertraut Ihnen Ihr Kind etwas an, bewahren Sie sein Geheimnis und erzählen Sie es nicht unbedacht weiter – vor allem nicht, wenn Ihr Kind es mitbekommt. Das zerstört sein Vertrauen in Sie.

Kraftsätze:

„Du bist nicht allein, wir gehören zusammen."
„Du schaffst das. Wenn du Hilfe brauchst, helfe ich dir gern."
„Es interessiert mich, was du denkst."
„Ich möchte dich verstehen."

4. Klare Kommunikation und konstruktive Kritik

Um ein funktionierendes und stark machendes familiäres Umfeld zu schaffen, in dem Kinder Zusammenhalt und Verständnis erfahren, ist Klarheit in der Kommunikation eine grundlegende Voraussetzung. Wenn Sie mit Ihren Kindern sprechen, ist es wichtig, klare Aus- und Ansagen zu machen. Stellen Sie Ihrem Kind zu komplizierte (Entscheidungs-)Fragen, verwirren Sie es mehr, als dass Sie ihm entgegenkommen, was wiederum zu Unentschiedenheit und Launigkeit führen kann.

Geben Sie ihm klare, konstruktive Anweisungen, die Ihr Kind konkret umsetzen kann und die nicht zu abstrakt sind. Mit Äußerungen wie „Sei doch bitte rücksichtsvoller!" kann ihr Kind erstmal wenig anfangen. „Lass deine Mitschüler ausreden, wenn du möchtest, dass sie dir auch zuhören." versteht es viel eher. Auf klare, begründete Anweisungen reagieren Kinder meistens kooperativer als auf komplizierte Formulierungen, bei denen sie im schlechtesten Fall nur hören, was sie hören möchten.

Versuchen Sie, in der Kommunikation mit Ihrem Kind immer authentisch zu sein und dem kindlichen Denken so weit wie möglich zu entsprechen. Es sollten sich im Gespräch auch Ihre Mimik, Gestik und Körpersprache mit Ihren Worten decken. Sonst wird Ihr Kind nicht lernen, was es bedeutet, seine Gefühle und Bedürfnisse authentisch zu kommunizieren.

Vielleicht noch wichtiger als die Art und Weise, wie Sie selbst sprechen, ist Ihre Fähigkeit, zuzuhören. Damit sich Ihr Kind Ihnen anvertraut, muss es sich wohlfühlen. Drängen Sie es nicht mit Nachfragen, sondern geben Sie ihm Aufmerksamkeit, Raum und Zeit in dem Moment, in dem es selbst zu Ihnen kommt und mit Ihnen sprechen möchte.

Von Kindern wird das Zuhören ständig erwartet. Zeigen auch Sie Ihrem Kind, dass Sie zuhören können.

Das bedeutet nicht, dass Sie ihm ununterbrochen Ihre Aufmerksamkeit schenken müssen, aber dass Ihr Zuhören nicht „nebenher" passieren sollte (z. B., während Sie noch schnell eine E-Mail fertig schreiben oder auf das Smartphone schauen). Natürlich hat nicht alles, was man miteinander bespricht, die gleiche Wichtigkeit oder Relevanz. Wenn Sie aber erkennen, dass etwas für Ihr Kind wichtig ist und es beschäftigt, widmen Sie sich ihm ganz, hören Sie ihm zu und lassen Sie es aussprechen. Das steigert nicht nur das Selbstwertgefühl Ihres Kindes, sondern hilft auch Ihnen dabei, seine Bedürfnisse und Gedanken zu verstehen.

Versuchen Sie, sich in Ihr Kind hineinzuversetzen, nehmen Sie seine Probleme ernst und spielen Sie sie nicht herunter – auch, wenn sie in Ihren Augen völlig nichtig und unbedeutend sind. Bevor Sie Ihrem Kind vorschnelle Lösungen präsentieren, fragen Sie es nach seiner eigenen Meinung, eigenen Lösungsvorschlägen und bieten Sie ihm Ihre Hilfe an. So lernt Ihr Kind, dass man als Familie über alles reden und sich vertrauen kann.

Kritisiert zu werden, ist eine Erfahrung, die uns das ganze Leben lang begegnen wird und mit der man umzugehen lernen muss – auch, um selbst weiterzukommen und sich zu entwickeln. Damit das

Selbstwertgefühl Ihres Kindes und gleichzeitig gutes Verhalten verstärkt wird, ist angemessenes, ehrliches Lob für seine Anstrengungen und Fortschritte wichtig. Nur, wenn sich Kinder wertgeschätzt fühlen, können sie sicher sein, dass das, was sie fühlen und denken bzw. dass ihr Handeln richtig ist. Loben Sie Ihr Kind, aber loben Sie es richtig. Oft ist hier der Weg das Ziel und nicht nur das tatsächliche Ergebnis. Würdigen Sie die Bemühungen Ihres Kindes, auch wenn etwas schiefgeht. Und wenn Sie loben – meinen Sie es ernst und zeigen Sie das Ihrem Kind auch in Ihrer Körpersprache, Mimik und Gestik.

Machen Sie Ihr Kind aber nicht abhängig von Ihrem Lob. Strengt sich Ihr Kind nur um Ihres Lobes willen an, machen Sie es von sich und Ihrer Meinung abhängig, anstatt dass es sich auf seine eigene Einschätzung verlässt. Loben Sie auch nicht im Übermaß. Das verunsichert Ihr Kind mehr, als dass es gestärkt wird, führt oft zu Selbstüberschätzung oder Fehleinschätzungen und somit zu Enttäuschungen oder Schwierigkeiten im sozialen Zusammenleben. Kritik kennenzulernen, ist eine grundlegende Erfahrung, die Ihrem Kind zu einem starken Durchsetzungsvermögen verhilft. Nur wer weiß, welche Kritik konstruktiv und hilfreich ist, kann sich von böse gemeinten Kommentaren losmachen und bezieht nicht alles auf sich selbst und seine Person. Es ist wichtig, dass Kinder lernen, mit sich selbst zufrieden zu sein und ihre Leistungen realistisch einschätzen zu können. Eine angemessene Selbstkritik und die Fähigkeit, sich selbst motivieren zu können, stärkt Ihr Kind und befähigt es, aus seinen Fehlern zu lernen.

Kraftsätze:

„Ich fühle /denke ..."
„Ich bin traurig /sauer /enttäuscht, weil ..."
„Ich höre dir zu, wenn du es möchtest."
„Dein Geheimnis ist bei mir sicher."
„Das hast du gut gemacht."
„Toll, dass du dir so viel Mühe gegeben hast."

5. Werte und Regeln

Neben einer weitgehend demokratischen Erziehung, die die Wünsche, Entscheidungen und Bedürfnisse der Kinder einbezieht, ist es von größter Bedeutung, dass Sie als Eltern Sicherheit geben und die Führungsrolle innehaben. Wir werden alle im Laufe unseres Lebens verschiedene Rollen einnehmen. Auch das müssen Ihre Kinder lernen. Damit Ihr Kind in der Kinderrolle ankommt, müssen Sie Ihre Elternrolle leben. Klare Regeln und Werte vermitteln Ihren Kindern einen schützenden Rahmen, in dem sie sich frei bewegen und sich ausprobieren können und geben ihnen ein Gefühl von Sicherheit, Orientierung und Halt.

Gemeinsame Regeln und Werte sind Voraussetzung für das Funktionieren jeglicher Gemeinschaften und erleichtern es Ihrem Kind, später eigene richtige Entscheidungen zu treffen und sich in der Gesellschaft zurechtzufinden. Kinder wollen und sollen wissen, was sie dürfen, was sie nicht dürfen und dass es Konsequenzen gibt, wenn wichtige Regeln gebrochen werden.

Formulieren Sie auch Regeln und Grenzen immer klar und unkompliziert. Sie müssen auch nicht jede Regel ausführlich erklären. Wenn Ihr Kind von Anfang an mit klaren Absprachen umzugehen lernt, wird es sich später in der Gesellschaft besser zurechtfinden und mit anderen Menschen besser auskommen.

Nicht jeder Lebensbereich Ihres Kindes braucht Regeln. Sinnvolle Abmachungen lassen sich z. B. in Bezug auf den gegenseitigen Umgang, Essenszeiten, Fernsehzeiten oder Schlafenszeiten festlegen. Damit erleichtern Sie Ihrem Kind auch die Schulzeit, da es sich spätestens dann an solche Regeln halten muss. Die

Regeln, die Sie als Eltern aufstellen, sollten sich im Idealfall an Ihren eigenen Wertvorstellungen, an dem, was Ihnen selbst wichtig ist, orientieren: Höflichkeit? Pünktlichkeit? Fairness? Durchsetzungsvermögen? Ehrlichkeit?

Wir Erwachsenen haben die wichtigen Werte schon verinnerlicht und wissen instinktiv, was wir richtig und falsch finden. Ihre Kinder müssen diese Verknüpfungen erst noch entdecken und Werte und Normen kennenlernen dürfen. Und aus (Familien-)Regeln können Gewohnheiten und Werte werden, über die nicht mehr nachgedacht werden muss.

Natürlich sind diese Regeln nicht in Stein gemeißelt und müssen auch dem Alter der Kinder entsprechend angepasst oder umgewandelt werden. Regeln sind für Kinder auch immer eine Art Herausforderung. Grenzen motivieren, sie auszutesten und zu erfahren, was passiert, wenn man sie überschreitet.

Wichtig ist auch, sich im Klaren darüber zu sein, dass Regeln und Respekt miteinander einhergehen und dass Regeln von allen Beteiligten respektiert werden müssen. Gehen Sie respektvoll mit Ihren Kindern um, damit Sie von Ihnen auch den nötigen Respekt (für die kommunizierten) Regeln erwarten können.

Kraftsätze:

„Was ich von dir erwarte, kannst du auch von mir erwarten."

„In unserer Familie ist uns wichtig, dass ..."

6. Optimismus

Optimistisch zu sein und Optimismus von anderen – insbesondere von Ihnen als Eltern – zu erleben, gibt Kindern einen positiven Blick auf die Welt.

Kinder haben ihr ganzes Leben noch vor sich. Wie traurig wäre es also, wenn dieses Leben schon im Voraus durch immer wiederkehrende pessimistische Welt- und Lebensanschauungen seiner Bezugspersonen getrübt würde. Nur, wer an das Gute glaubt und versucht, allem auch etwas Positives abzugewinnen, kann eine innere Stärke entwickeln und aufgeschlossen durchs Leben gehen.

Damit Ihr Kind lernt, einen positiven, optimistischen Blick auf die Welt und auf das Leben zu entwickeln, ist es – wie bei so vielen – am wichtigsten, dass Sie ihm hier als Vorbild dienen. Erfährt ein Kind Zuversicht in die eigene Zukunft und Vertrauen in das eigene Können, wird es über eine größere Stärke verfügen, als wenn sein Umfeld ihm Skepsis vermittelt. Natürlich schützt eine optimistische Lebenseinstellung nicht vor Niederlagen und Rückschlägen. Aber sie erleichtert den Umgang mit ihnen. Wer ständig nur das Schlechte erwartet, der macht sich das Leben doppelt schwer, fühlt sich mit jeder Krise in seiner pessimistischen Erwartung bestätigt und gerät so schnell in eine negative Gedankenspirale, die auch jede potenziell positive Erfahrung trüben wird.

Zum Kindsein gehört auch eine Art angeborenes Urvertrauen. Trüben Sie dieses nicht, indem Sie zu viel schwarzmalen. Trauen Sie Ihrem Kind Dinge zu und behandeln Sie es nicht wie ein rohes Ei, um es vor sämtlichen negativen Erfahrungen zu schützen. So kann Ihr Kind kein gesundes emotionales Immunsystem aufbauen, um später mit Herausforderungen, Niederlagen oder Rückschlägen umgehen zu können.

Es ist nicht verboten, sich Sorgen zu machen. Das wäre nicht natürlich und nicht authentisch. Aber meistens genügt es, sich dann Sorgen zu machen, wenn ein Problem tatsächlich eingetreten ist – und nicht schon vorher.

Kraftsätze:
„Wir schaffen/du schaffst das."
„Wir werden eine gute Lösung finden."
„Es wird wieder gut."

7. Humor

Die Fähigkeit, über sich selbst lachen zu können, zeugt von einem großen Selbstwertgefühl. Wer weiß, was er kann und was er wert ist, dem fällt es leichter, mit eigenen Schwächen oder Pannen umzugehen und (im Nachhinein) über sie zu lächeln.

Begegnen Sie Ihren Kindern – und deren Pannen – auch immer mit einer nicht zu geringen Portion Humor. Wenn Sie selbst auch über Ihre Fehler lachen können, vermitteln Sie Ihren Kindern den Eindruck, dass es nicht schlimm ist, Fehler zu machen und ermutigen sie dadurch, zu sich selbst, zu ihren Stärken und ihren Schwächen zu stehen.

Wenn das nächste Mal etwas schiefgeht, es chaotisch wird oder jemand wieder eine Sauerei veranstaltet hat – nehmen Sie es mit Humor.

8. Gute Vorbilder

Eltern sind die allerersten Vorbilder für ihre Kinder. Das betrifft grundlegende Fähigkeiten wie zu sprechen, auf die Toilette zu gehen oder Schuhe anzuziehen genauso wie die grundsätzlichen Verhaltensnormen und Werte. Wenn Sie ein gutes Vorbild für Ihre Kinder sein möchten, werden Sie nicht umhinkommen, auch Ihre eigenen Verhaltensweisen hin und wieder kritisch zu reflektieren. Das betrifft nicht nur den Umgang mit Ihrem Kind, sondern auch den Umgang mit sich selbst und Ihrem Umfeld.

Einem Kind das richtige Verhalten vorzuleben, hat oftmals einen viel größeren Einfluss als verbale Hinweise und Erklärungen. Dabei kommt es nicht darauf an, Ihrem Kind das Bild eines perfekten Menschen vorzuleben. Einen solchen gibt es sowieso nicht. Viel wichtiger ist es, dass Sie authentisch sind und Ihr Kind Ihr Verhalten einschätzen und verstehen kann. Dann wird es die Werte, die Sie ihm vermitteln wollen, verinnerlichen.

Reflektieren Sie sich selbst in all den Bereichen, die auch Ihre Erziehung betreffen. Sie können von Ihren Kindern nur erwarten, was Sie auch selbst vorleben. Das betrifft nicht nur Verhaltensweisen und Werte wie Respekt und Höflichkeit, sondern auch ganz alltägliche Dinge wie Essen, Medienkonsum (Fernsehen, Smartphone usw.) oder die Betätigung an der frischen Luft.

Selbstverständlich wird sich Ihr Kind mit zunehmendem Alter und zunehmenden Kontaktpersonen auch andere Vorbilder suchen, auf welche Sie weniger Einfluss haben werden. Umso wichtiger ist es aber, den Grundstein schon im engsten Familienumfeld zu legen und so Ihre Kinder stark und kompetent zu machen, später selbst entscheiden zu können, wen sie sich als Vorbild nehmen möchten und wen nicht.

Kraftsätze:

„Was ich von dir erwarte, kannst du auch von mir erwarten."

9. Kind sein dürfen

Wie schon beschrieben, sollte innerhalb Ihrer Familie ein klares Rollenverhältnis herrschen. Ihr Kind darf und soll sich in der Kinderrolle befinden, die – neben vielen Privilegien – auch beinhaltet, Sie in Ihrer Elternrolle, Regeln und Grenzen zu akzeptieren und zu respektieren.

„Kind sein dürfen" bedeutet aber auch, dass Ihr Kind unbeschwert sein darf, Fehler machen darf, eigene Erfahrungen machen darf – auch, wenn sie in die Hose gehen. Es bedeutet, dass sich Ihr Kind nicht mit „Erwachsenenproblemen" befassen muss. Kinder sollten ihre kleine, aber immer größer werdende Welt spielerisch und Schritt für Schritt erkunden und entdecken dürfen, sich in ihrem individuellen Tempo entwickeln und individuelle Stärken und Schwächen ausprägen dürfen. Sie sollten frei sein dürfen, gleichzeitig Halt bekommen und sich sicher und geliebt fühlen dürfen, auch wenn sie mal trotzig oder zornig sind.

Sie als Eltern sollten Ihr Kind in seiner Kindlichkeit annehmen, ihm Fantasiewelten, kindliche Wünsche und Träume zugestehen, seine (kindlichen) Gefühle respektieren und seine Bedürfnisse ernst nehmen. Dann wird sich Ihr Kind auch zu einem Erwachsenen entwickeln, der seine Kindheit in guter Erinnerung hat und damit einen wichtigen Schatz für sein ganzes Leben in sich trägt.

10. Aufgaben, die bewältigbar sind

Der Psychologe William James stellte 1890 eine Formel auf, die das Selbstvertrauen als die Fähigkeit versteht, seine eigene Kompetenz einzuschätzen. Sie besagt, dass unser Selbstvertrauen wächst, wenn wir erfolgreich sind. Dies kann allerdings nur geschehen, wenn wir unsere Erfolge auch als solche einschätzen und nicht nur unseren viel zu hohen Ansprüchen hinterherlaufen, denen wir nicht gerecht werden können. Sind unsere Ansprüche an uns selbst (oder an unsere Kinder) zu hoch, werden wir Erfolge nie richtig wertschätzen können, da nur noch außergewöhnliche Leistungen gut genug scheinen. Perfektionistisch veranlagte Menschen neigen dazu, trotz vieler vermeintlicher Erfolge (positive Rückmeldungen, gute Noten ...) eine Angst zu entwickeln, dass sie sich nicht auf ihre Fähigkeiten und Talente verlassen können und nicht zu genügen.

Sind unsere Ziele und Aufgaben aber in einem bewältigbaren und realistischen Rahmen, können wir viel öfter Erfolge vermelden, uns über unsere Fähigkeiten und Stärken bewusst werden und das Gefühl entwickeln, Herausforderungen gewachsen zu sein – auch wenn auf dem Weg zum Ziel eventuelle Hindernisse oder Rückschläge lauern.

Dieses Prinzip gilt genauso für die Aufgaben und Erwartungen, die Sie Ihren bzw. an Ihre Kinder stellen. Gehen Sie kleinschrittig vor und erwarten Sie keine Wunder. Belohnen oder loben Sie Ihr Kind für Erfolge, vor allem aber für seine Anstrengungen, ein Ziel zu erreichen. Erfolge – egal, wie klein sie sein mögen – helfen Ihrem Kind, Selbstvertrauen und Stärke aufzubauen und an sich zu glauben. Ein Sprichwort sagt zwar „Man wächst mit seinen Herausforderungen", zu schwere und komplexe Aufgaben oder Erwartungen lassen die innere Stärke Ihres Kindes jedoch im schlimmsten Fall schrumpfen.

Kraftsätze:
„Du kannst das!"
„Du hast tolle Fortschritte gemacht."
„Es ist nicht schlimm, wenn es nicht klappt. Hauptsache, du hast es versucht."

11. Lernwillige Eltern

Leben heißt Lernen. Wir lernen jeden Tag dazu, schaffen Verknüpfungen, machen neue Erfahrungen, können dadurch Vergangenes besser einschätzen und so auch neue Erlebnisse besser bewerten und mit ihnen umgehen. Auch Sie als Eltern werden immer wieder in neue Situationen gestürzt, mit neuen Dingen konfrontiert und müssen sich auf die verschiedenen Entwicklungsphasen Ihres Kindes, wechselnde Bedürfnisse und Probleme einstellen.

Dass Sie diesen Ratgeber lesen und sich Tipps holen, zeigt, dass Sie in jedem Fall auf dem richtigen Weg sind, was Ihre Lernbereitschaft betrifft.

Diese Bereitschaft, sich auf Neues einzustellen, sich auch mal Hilfe zu holen, nachzufragen, besser werden zu wollen und offen für (konstruktive) Kritik zu sein, wird sich auch auf Ihre Kinder übertragen, wenn Sie offen damit umgehen. Auch Sie können Fehler gegenüber Ihren Kindern machen, können sie falsch verstehen oder ihnen Unrecht tun. Gehen Sie in jedem Fall offen damit um – fragen Sie vielleicht auch mal Ihr Kind um Rat. Wenn Sie Ihr Kind nicht verstehen, fragen Sie nach. Zeigen Sie ihm, dass Sie auch bereit sind, an sich zu arbeiten. Das steigert sein Selbstbewusstsein, da es sich von Ihnen ernst genommen fühlt und mit Ihnen in einer gewissen Art und Weise auf Augenhöhe kommunizieren kann. Sie müssen nicht perfekt sein, aber seien Sie authentisch.

Kraftsätze:

„Zeig mir, wie du es meinst."

„Ich möchte das in Zukunft besser machen."

WAS SIE KONKRET TUN KÖNNEN, UM IHR KIND ZU STÄRKEN – 9 PRAXIS-TIPPS

1. Bevor Sie das Selbstwertgefühl Ihres Kindes aufbauen, schauen Sie auf sich selbst.

Man kann etwas nur dann überzeugend weitergeben, wenn man es selbst auch besitzt und vorlebt. Wenn Sie nicht mit Krisen, Ärger oder Niederlagen umgehen können, kann es auch Ihr Kind nicht lernen. Sie müssen Ihrem Kind selbst achtendes und selbst wertschätzendes Verhalten vorleben. Sie müssen ihm aber genauso zeigen, wie Sie mit Kritik, Ihren eigenen Fehlern und Schwächen umgehen können. Solange Sie nur versuchen, verbal auf Ihr Kind einzuwirken, werden Sie nie überzeugend wirken. Seien Sie ein positives Vorbild und lassen Sie Ihre Handlungen sprechen – nicht nur Ihre Worte.

2. Bestärken Sie Ihr Kind darin, regelmäßig über sich selbst zu sprechen.

Vermitteln Sie Ihrem Kind, dass Sie an ihm interessiert sind, dass seine Gefühle, seine Sorgen, seine Gedanken und seine Meinung wichtig und von Ihnen ernst genommen werden.

3. Schenken Sie Ihrem Kind lobende Worte und Anerkennung.

Anerkennung ist für uns alle wichtig. Sie bestärkt uns auf unserem Weg und macht uns selbstsicherer, da wir merken, dass das, was man tut, oder die Art und Weise, wie man ist, gut bei anderen ankommt. Jedoch wollen wir – und auch unsere Kinder – um unser selbst willen geliebt und geachtet werden. Unabhängig von unseren Schwächen oder Stärken. Versuchen Sie also, Ihr Kind nicht nur für besondere Talente oder Fähigkeiten zu loben (z. B. „Du kannst so toll malen"), sondern loben Sie es für sein Verhalten, seine Anstrengung oder für persönliche Eigenschaften (z. B. „Toll, dass du den Mut hattest, es zu versuchen"). So bauen Sie keinen Druck auf und Ihr Kind bekommt keine Angst, zu versagen oder Fehler zu machen.

4. Motivieren Sie Ihr Kind dazu, sich auch an neue Dinge zu wagen und Neues auszuprobieren – auch wenn ihm nicht alles gelingt.

Angst vor neuen Dingen und Herausforderungen ist etwas, was Kinder oft noch mehr beschäftigt als uns Erwachsene. Dies liegt auf der Hand, wenn man bedenkt, dass Kinder allein durch ihr Wachstum und die unterschiedlichen Lebensabschnitte, Fähigkeiten und Umgebungen immer wieder neue Dinge lernen und leisten müssen. Zeigen Sie Ihrem Kind, dass es sich lohnt, ab und zu über seinen Schatten zu springen. Und seien Sie da, wenn ihm etwas nicht gelingt, und bieten Sie ihm Ihre Unterstützung an, wenn es an sich selbst zweifelt. Wer nicht wagt, der nicht gewinnt.

5. Seien Sie vorsichtig mit Kritik. Kritisieren Sie nie die Person Ihres Kindes, sondern höchstens sein Verhalten.

Kritik sollte immer konstruktiv sein und Ihrem Kind nie das Gefühl geben, dass es als Person „falsch" ist. Auch, wenn Sie das Verhalten Ihres Kindes ärgert (z. B., weil es nur nörgelt), sollten Sie ihm das Gefühl geben, wertvoll und liebenswert zu sein.

6. Zeigen Sie Ihrem Kind mindestens einmal am Tag, dass Sie es lieben.

Nehmen Sie es in den Arm und sagen Sie ihm, dass Sie es mögen und dass Sie froh sind, dass es so ist, wie es ist. Lassen Sie es regelmäßig Zuneigung und emotionale Wärme spüren. Lächeln Sie es an, kuscheln Sie regelmäßig und zeigen Sie Ihrem Kind so, dass es sich geliebt, angenommen und geborgen fühlen kann.

7. Machen Sie Ihrem Kind klar, dass sich unsere Gefühle beeinflussen lassen und dass man ihnen nicht hilflos ausgeliefert sein muss.

Auch, wenn es sich manchmal nicht so anfühlt – wir können unsere negativen Gefühle beeinflussen. Zeigen Sie Ihrem Kind, wie es sich selbst beruhigen kann, indem Sie es beispielsweise dazu anregen, sich etwas Schönes vorzustellen. Wenn Ihr Kind in einer Krise nicht in Panik verfällt, sondern weiß, wie es sich gegebenenfalls selbst beruhigen kann, wird sein Selbstwertgefühl dadurch bestärkt, dass es keine Angst mehr haben muss, seinen Gefühlen ausgeliefert und deswegen schwach und verletzlich zu sein.

8. Lassen Sie Ihr Kind wissen, dass es einzigartig und richtig ist.

Damit Ihr Kind ein positives Selbstwertgefühl und Achtung vor sich selbst hat, muss es lernen, auf sich und seine innere Stärke vertrauen zu können. Wird ein Kind ständig mit anderen Kindern oder Geschwisterkindern verglichen, erfährt Ihr Kind nur eine äußere Resonanz seiner Persönlichkeit, anstatt sich durch seine innere Kraft zu identifizieren und sich so anzunehmen, wie es ist. Jeder ist anders – und das ist gut so.

9. Lassen Sie Ihr Kind seine eigenen Erfahrungen machen – auch, wenn sie negativ sind.

Natürlich lieben Sie Ihr Kind und möchten nicht, dass es traurig ist, (psychisch oder körperlich) verletzt wird, Zurückweisung erfährt oder Niederlagen einstecken muss, aber das alles gehört zum Leben dazu. Packen Sie Ihr Kind nur in Watte, wird es völlig überfordert mit negativen Dingen sein und nicht bestehen können, wenn der Lebensweg mal nicht ganz gerade verläuft. Es hat so keine Chance zu lernen, wie die Welt tatsächlich ist und dass es wichtig ist, eine innere Stärke aufzubauen und auf diese auch zu vertrauen.

Je mehr Sie ihm eine „heile Welt" vorgaukeln, desto größer wird die Fallhöhe und die Enttäuschung sein, wenn Ihr Kind später (im Erwachsenenleben) mit Schicksalsschlägen, Stress, Schmerz, Enttäuschungen oder Krisen konfrontiert wird. Die Folge ist, dass „überbehütete" Kinder schneller an Depressionen oder Burn-out erkranken, weil sie nicht die innere Stärke entwickeln konnten, die notwendig ist, um im Leben zurechtzukommen.

Zeigen Sie Ihrem Kind von Anfang an, dass es stark genug ist, mit negativen Erlebnissen klarzukommen. Wenn Sie alle potenziell schmerzhaften Erlebnisse und Erfahrungen von Ihrem Kind fernhalten, kommunizieren Sie ihm indirekt, dass es nicht stark genug ist, um damit fertig zu werden, und machen es so unbewusst schwach. Selbstbewusstsein muss trainiert werden.

SIGNALE VON SICHERHEIT/ UNSICHERHEIT: KÖRPERSPRACHE

Forscher von den Universitäten in Halle-Wittenberg und Bamberg haben vor kurzer Zeit eine Studie mit etwas über einhundert Viertklässlern durchgeführt, die Hinweise darauf gibt, wie die Körperhaltung zu einer größeren Selbstsicherheit und somit zu mehr Stärke und Durchsetzungsvermögen beitragen kann. Die Psychologen teilten die Kinder in zwei Gruppen ein. Die eine Gruppe sollte eine besonders aufgerichtete, offene Haltung einnehmen, die andere Gruppe sollte den Kopf senken und die Arme verschränken.

Danach mussten die Kinder Tests absolvieren, bei denen sich zeigte, dass die Kinder, die eine geöffnete Haltung eingenommen hatten, über einen höheren Selbstwert und bessere Laune verfügten als die Kinder der anderen Gruppe. An seiner Haltung – und an der Haltung Ihrer Kinder – zu arbeiten, kann also nicht nur Auswirkungen auf die Art und Weise haben, wie man wahrgenommen wird, sondern auch darauf, wie man sich selbst fühlt. Und nur, wer sich stark fühlt und seinen inneren Wert kennt, wird ihn auch verteidigen können.

Neben unserer verbalen Sprache benutzen wir Menschen maßgeblich unseren Körper, um mit unserem Umfeld zu kommunizieren. Dies tun wir oft unbewusst, jedoch können wir – und unsere Kinder – die Körpersprache bewusst nutzen, um uns selbst besser zu fühlen und nach außen selbstbewusster zu wirken.

Auch in der Gewaltprävention ist die Körperarbeit ein wichtiger Teil des Selbstbehauptungstrainings. Täter wählen sich eher potenziell schwache Opfer aus, die wehrlos, ängstlich und beeinflussbar wirken. Hier haben sie die kleinere Gegenwehr zu erwarten. Ein Kind, das selbstbewusst auftritt, kann auf Täter, Mobber usw. von vornherein abschreckend wirken.

Merkmale einer Körperhaltung/Körpersprache, die Selbstbewusstsein vermittelt:

- aufrechte Haltung
- entspannte Schultern
- gehobener Brustkorb
- nach vorne gerichteter Blick
- gefestigte Stimme
- fester Händedruck
- kontrollierte Bewegungen
- Blickkontakt.

Sie können aktiv dazu beitragen, dass Ihr Kind durch eine entsprechende Körpersprache auch visuell ein größeres Durchsetzungsvermögen bekommt und Stärke ausstrahlt. Dieses „Training" kann spielerisch erfolgen, es besteht aber auch die Möglichkeit, dass Ihr Kind einen Kurs besucht, der genau dieses Thema behandelt (z. B. bei Volkshochschulen).

Eine kleine spielerische Trainingseinheit könnte die folgende sein: Lassen Sie Ihr Kind König*in spielen. Vielleicht machen Sie eine kleine Gedankenreise. Ihr Kind könnte sich vorstellen, eine wunderbare Krone und einen langen Samtmantel zu tragen. Sicher wird sich sein Gang und seine Haltung bei dieser Vorstellung verändern. Melden Sie ihm diese Veränderung zurück und bestätigen Sie es in dieser neuen König*innenhaltung.

„NEIN" – DAS NEUE ZAUBERWORT?

„Nein" sagen zu können, ist eine Fähigkeit, von der sich viele wünschen, sie hätten sie schon früher erlernt. „Nein" zu sagen, erfordert Mut und Stärke. Bedeutet, die Bedürfnisse, Wünsche, Erwartungen oder Befehle eines anderen Menschen nicht auszuführen, sich vielleicht gegen eine bestehende Meinung zu stellen. Und das ist nicht leicht. Nicht „nein" zu sagen und sich dem Druck anderer Menschen oder einer Gruppe hinzugeben, macht es allerdings auch nicht leichter – im Gegenteil.

Gruppendruck ist ein nicht zu unterschätzender Einfluss auf die eigene Entscheidungs- und Durchsetzungskraft – ja, sogar auf die eigene Wahrnehmung. Dies gilt sogar dann, wenn es um einfachste Entscheidungen geht oder wenn man sich gegenüber Fremden behaupten muss, die man vermutlich nie wieder sehen wird, und betrifft nicht nur Kinder, sondern auch viele Erwachsene.

Wir Menschen sind Herdentiere. Das bedeutet, dass wir soziale Lebewesen und auf unsere „Herde" – die Gruppe – angewiesen sind, weswegen sich im Laufe der Evolution das starke menschliche Bedürfnis entwickelt hat, dazugehören zu wollen, und die Angst, von der Gruppe ausgeschlossen zu werden. Wir sind also von Natur aus dazu angelegt, uns an den anderen zu orientieren. Es war für unsere Vorfahren überlebenswichtig, nicht den Anschluss zur Gruppe und somit den Schutz vor Feinden, Nahrungsversorgung und sozialer Unterstützung zu verlieren. Damit dies gewährleistet wurde, gewöhnten sich die Menschen an, sich an ihrem Stamm zu orientieren, Spannungen möglichst frühzeitig zu erkennen und sich durch eigene Verhaltensänderung wieder in die Gruppe zu integrieren. Diese Strategie war die einzige Chance auf ein Leben in Sicherheit für sich selbst und seine Nachkommen.

Vor diesem Hintergrund wird schnell klar, warum es mit dem „Nein-Sagen" nicht immer so leicht getan wie gesagt ist. Das Gefühl, zu sich selbst zu stehen und sich damit gegen seine Gruppe zu wenden, kann bedrohlich sein und ein Kind schnell in ein persönliches Dilemma stürzen. Vor allem für Kinder und Jugendliche ist dieser Prozess schwierig, weil sie sich – im Gegensatz zu uns Erwachsenen – ihre soziale Gruppe (Schulklasse, Sportmannschaft, Nachbarschaft ...) nicht selbst aussuchen können. Sie müssen abwägen, ob es ihnen wichtiger ist dazuzugehören oder die eigene Meinung durchzusetzen. Diese Entscheidung hängt maßgeblich davon ab, wie hoch sie den Wert ihrer eigenen Bedürfnisse einschätzen. Dass dies wiederum ein Prozess des Lernens und Wachsens ist, der von Ihnen als Eltern unterstützt werden muss, haben wir mittlerweile gelernt.

Reagieren Sie in solchen Situationen nicht mit Druck. Aussagen wie „Es ist doch egal, was die anderen sagen" stressen Ihr Kind oft noch mehr, da es sich dann nicht nur zwischen seinen Bedürfnissen und dem Druck der Gruppe entscheiden muss, sondern es auch noch seinen Eltern recht machen will.

Wirkliche Unabhängigkeit von einer Gruppe erhält ein Kind nur, wenn es auf seine eigene innere Stimme hört und gelernt hat, seine Gefühle und Wünsche differenziert wahrzunehmen, seine Bedürfnisse ernst und wichtig zu nehmen und sie gut kommunizieren kann. Dies gelingt besonders gut, wenn Sie für Ihre Kinder als Vorbild dienen, Sie Ihnen zeigen, dass Beziehungen vieles aushalten können, dass man sich nach Streit und Uneinigkeiten wieder vertragen kann und dass man sich nicht verstellen muss, um angenommen zu werden.

Warum es so wichtig ist, dass Kinder trotz des Drucks der Gruppe und möglichen Gegenwinds lernen, für sich selbst einzustehen und authentisch bleiben zu können, formuliert Mahatma Gandhi sehr eindrücklich: Glück stellt sich erst dann ein, wenn man es schafft, dass das, was man denkt, mit dem, was man sagt und tut, im Einklang steht. Es ist also für das Glück Ihres Kindes von großer Bedeutung, dass es nicht „ja" sagt, wenn es eigentlich „nein" sagen will, oder zu Taten genötigt wird, die es nicht tun will. Nur, wer authentisch ist und zu seinen Gefühlen stehen kann, wird glücklich sein können. „Nein" sagen zu können, kann also der Schlüssel zu einem glücklicheren Leben sein.

Dies betrifft auch die Ebene der an einen Menschen gestellten Erwartungen. Wer immer nur „ja" sagt gewöhnt sein Umfeld an diese Haltung und stürzt sich selbst immer weiter in einen Teufelskreis, aus dem es immer schwieriger wird, auszubrechen.

Damit Ihr Kind lernen kann, „nein" zu sagen, müssen Sie ihm auch die Möglichkeit dazu geben. Genau, wie Sie als Eltern „ja" und „nein" sagen dürfen, darf es auch Ihr Kind. Fühlt sich ein Kind in einer Situation (z. B. durch zu viel (körperliche) Nähe) nicht wohl, hat es das Recht, sich zu wehren und seine Emotionen zu kommunizieren. Auch, wenn die betreffende Person (im besten Fall die Großtante, die es mit Streicheleinheiten und Küsschen überhäuft) in dem Moment eine Zurückweisung erfährt und es den Eltern vielleicht nicht ganz so angenehm ist.

Wer nur „ja" sagt, wird schnell ausgenutzt und von anderen manipuliert. Kinder, die nicht „nein" sagen können, werden zudem häufiger Opfer von Gewalt und (sexuellem) Missbrauch. Diese Erfahrung kann für Kinder (und Erwachsene) noch viel schmerzlicher sein und kann noch viel unglücklicher machen als die Zurückweisung, die man möglicherweise durch ein „Nein" erfahren hätte. Wer ausgenutzt wird, verliert mit jedem Tag ein Stück seines Selbstwertgefühls und somit einen Teil seines Lebensglückes.

Die Poetry-Slam-Künstlerin Julia Engelmann formuliert ganz treffend: „Man sagt, das Zauberwort ist ‚bitte', aber das bessere ist ‚nein'."

Höflichkeit macht stark – Streitkultur lernen

Oft ist es schwierig, ein richtiges Mittelmaß zu finden – denn nicht alle Kinder brauchen gleichermaßen Unterstützung darin, ein gesundes Durchsetzungsvermögen aufzubauen. Manche sind schon von vornherein mit einem größeren Durchsetzungsvermögen ausgestattet und müssen eher gebremst werden, andere wiederum sind charakterlich so tolerant, sanftmütig und kooperationsfähig, dass ein übermäßiges Durchsetzungsbemühen nicht authentisch und unnatürlich wirkt. In Streitfällen setzt man hier lieber auf Kompromisse und Harmonie, da solche Charaktere oftmals schon eine große emotionale Stärke besitzen und auch, wenn sie sich auf den ersten Blick nicht behaupten können, nicht zurückstecken. In jedem Fall ist es aber wichtig zu lernen, wie man „richtig" streitet, dass man immer fair bleibt und in einer Diskussion trotzdem nicht untergeht.

Um sich sinnvoll und wirkungsvoll durchsetzen zu können, ist es von großer Bedeutung, dass Ihr Kind eine normale Streitkultur kennenlernt und vorgelebt bekommt, dass Streit und Diskussionen in Beziehungen natürlich sind und man Lösungen suchen und finden kann:

Zeigen Sie Ihrem Kind verbale Lösungswege, die es aus Streitigkeiten herausführen können.

Geben Sie ihm verbale Werkzeuge zur Hand, mit denen es sich verteidigen kann („Stopp, ich will das nicht!", „Hör sofort damit auf!", usw.).

Leben Sie ihm vor, dass Aggression nicht mit Aggression beantwortet werden sollte.

Geben Sie ihm die Sicherheit, dass es in Ordnung ist, sich bei Streitigkeiten auch Hilfe bei Erwachsenen zu suchen.

Durchsetzungsvermögen oder Aggression?

Kindliche Wutanfälle als Verhaltensstrategie, um die eigenen Wünsche durchzusetzen, führen im späteren Leben eher selten zum Ziel. Gleichermaßen problematisch ist es, wenn die Wünsche des Kindes von den Eltern nicht ernst genommen und ihre Probleme als Lappalien abgetan werden. Daraus kann eine Art Minderwertigkeitsgefühl der Kinder erwachsen, welches sie bis in ihr Erwachsenenalter begleitet und sie auf vielen Ebenen einschränkt. Fühlt sich Ihr Kind mit seinen Emotionen nicht ernst genommen, kann Wut schnell in Aggression umschlagen, weil es keinen anderen Ausweg mehr sieht, um sich durchzusetzen.

Manchmal ist der Grat zwischen einem gesunden Durchsetzungsvermögen und Aggression sehr schmal und die Stimmung von Kindern kippt. Dies passiert vor allem dann, wenn sie sich um jeden Preis durchsetzen wollen, ihnen aber das Wissen und die richtige Strategie fehlt. In diesen Fällen kommt es oft zu Aggression oder sogar zu Handgreiflichkeiten. Ein gesundes Durchsetzungsvermögen sollte nicht mit Aggression oder Gewalt zu tun haben. Eine gewaltfreie Erziehung ist dafür Grundvoraussetzung und es ist Ihre elterliche Aufgabe, Kindern schon im Kleinkindalter gewaltfreie Lösungswege zur Durchsetzung von eigenen Zielen aufzuzeigen – auch damit Aggression bei Ihrem Kind nicht zur Gewohnheit wird.

Ein starkes Kind

Was ich kann:
- Ich kann und darf mich über meine Erfolge freuen.

- Ich kann mich durch Übung und eigene Anstrengung verbessern.

- Ich kann aus Fehlern und Misserfolgen lernen.

- Dadurch kann ich Hindernisse überwinden und Probleme lösen.

- Ich kann und darf mit anderen über meine Sorgen und Probleme sprechen.

- Ich kann und darf mir Unterstützung und Hilfe holen, wenn ich es allein nicht schaffe.

Was ich bin:

• Ich bin als Mensch wertvoll und liebenswert.

• Ich bin in meinem Wert als Mensch nicht von meinen Leistungen abhängig.

• Ich bin zuversichtlich, dass ich mit schwierigen Emotionen und Herausforderungen umgehen kann.

• Ich bin dafür verantwortlich, was ich tue.

Was ich habe:

• Ich habe Menschen in meinem Umfeld und meinem Leben, die mich so lieben, respektieren und annehmen, wie ich bin.

• Ich habe Menschen, die mich unterstützen, wenn ich Hilfe benötige, mich aber gleichzeitig dazu motivieren, selbstbestimmt zu agieren.

• Ich habe Eltern, die sich Zeit nehmen, um für mich da zu sein, die mir zuhören, die aber auch ihre eigene Meinung und ihre eigenen Standpunkte vertreten.

• Ich habe Werte, für die ich mich einsetzen will und kann, weil sie mir wichtig sind.

• Ich habe Talente und Stärken.

***

Montagmorgen. Große Pause. Jana ist ein bisschen stolz und fühlt sich erleichtert. Sie hat heute „nein" gesagt.

„Nein, ich mache das nicht mehr mit! In Zukunft könnt ihr eure Hausaufgaben selbst machen." Die beiden Mädchen hatten sie ungläubig angeschaut. Bevor sie etwas sagen konnten, hatte Jana sich umgedreht und war ins Schulhaus gegangen. Jetzt saß sie auf ihrem Platz und fühlte sich stark. Viel stärker als zuvor. Als ihr Sitznachbar ins Klassenzimmer kommt, schaut er sie ganz komisch an. Kurz denkt Jana „Oh je, die haben bestimmt über mich gelästert." Er setzt sich und fragt: „Was ist denn mit dir los, du siehst heute ganz anders aus. Irgendwie ein bisschen größer als sonst." Jana freut sich. Heute Nachmittag sind die beiden zum Spielen verabredet.

Herstellung und Verlag:
BoD – Books on Demand, Norderstedt
ISBN: 9783754305713

1. Auflage
Kontakt: Psiana eCom UG/ Berumer Str. 44/ 26844 Jemgum
Covergestaltung: Fenna Larsson
Coverfoto: depositphotos.com